AUX MANES DE FRÉDÉRIC LE GRAND.

1787.

Voudrais-je rappeller, par d'impuiſſantes larmes,
Monarque! Ta grand'ame, au ſejour des allarmes
Du ſejour du bonheur?
Voudrais-je demander au maitre du tonnerre
Un nouveau ſiécle encor, pour étonner la terre
Par des exploits nouveaux?

Tout eſt fait! Tout eſt dit! Tu rends à Polimnie
La lire qui durant Ton orageuſe vie
Eût pour Toi tant d'attraits;
La lire qu'Appollon Te remit par Voltaire,
Et dont les ſons hardis ne ceſſeront de plaire
Au Parnaſſe Francais.

Clio prend en dépôt le tableau véridique
Des geſtes & des faits de Ta vie héroique,
Compoſé de Ta main.
Quel autre que Toi ſeul de Ta vertu ſuprême
Pouvait plus dignement diſcuter que Toi même
L'effet & le deſſin?

L'avenir y verra Ton ardente jeuneſſe,
Depourvuë d'appui, régarder ſans faibleſſe
L'adverſité du ſort;
Et déployer déja ce mâle caractère
Qui marqua tous les pas de Ta vaſte carriere
Scellée par Ta mort.

Il ſaura quel reſſort T'a fait à force ouverte
Aſſaillir par cinq rois, conjurés pour Ta perte
L'eſpace de ſept ans;
Et comment les travaux d'Hercule qu'on nous vante,
Comparés aux efforts de Ta valeur conſtante,
Ne ſont que jeux d'enfans.

Il ſaura, que tandis l'imperturbable envie,
Pour miner Tes deſſins, épuiſa l'induſtrie
    Et prodigua ſon or,
Tu peuplas des déſerts par d'immenſes largeſſes,
Aggrandis Ton royaume, élévas des fortreſſes,
    Et doublas Ton tréſor.

Enfin on y verra, que Tu mis la barriere
Qui garantit encor la timide Baviere
    D'un troc mal concerté;
Et qui de l'Elbe au Rhin, de l'Allemagne unie,
Par un dernier effort de Ton puiſſant genie,
    Maintient la liberté.

Mars avait vû dès lors que, ſans tirer l'épée,
Tu ſavais d'un coup-d'oeil glacer toute une armée
    Qui parut devant Toi;
Il réprend donc le fer deſormais inutile
Au héros dont le nom doit ſeul ſervir d'azile
    A la Tudesque foi.

Sages ! qui dédaignez les voyes triviales,
Lisez, & méditez ces fidelles annales,
Mettez les à profit !
Vous pouvez ignorer, pour aller à la gloire,
Les héros de la fable, & tous ceux de l'histoire,
Un seul nom vous suffit !

Vous êtes peu jaloux du surnom poëtique
De Salomon-du-Nord, ni de ce roi lubrique
Dont il fut emprunté ;
Le fils de Batseba, fameux par ses oracles,
Quels rois a-t-il vaincu ? quel revers, quels obstacles
A-t-il sçu surmonter ?

Ose-t-on comparer sa mollesse inactive,
Parmi sept cens objets de son ardeur lascive,
Aux travaux des combats ?
Et d'un roi décrépit la folle idolâtrie
A Frédéric guidé par la philosophie
Aux portes du trépas.

Sur l'exemple ſacré de nos prémiers ancêtres
Il s'éléva vers Dieu, ſans conſulter des prêtres
Déſunis par l'erreur:
Mais conſultant toujours Sa propre conſcience,
Il tâcha d'imiter des Dieux la bienfaiſance,
En juſte adorateur.

Lui le premier bannit loin du Chriſtianiſme
L'aveugle Intolerance & l'affreux Fanatiſme,
Source de tant de maux:
Les enfans de Luther, le paiſible Deïſte,
Les adhérans de Rome, avec le Calviniſte,
Servent ſous ſes drapeaux.

Il a des Souverains corrigé l'indolence;
Je vois quitter les cours la ſuperbe ignorance,
Les bouffons & les nains.
Que les tems ont changé! Les princes ſavent lire,
Ils voyent de leurs yeux, ils ſe piqùent d'écrire
Des ordres de leurs mains.

Il fit plus, Il soumit à la philosophie
Les préjugés du siécle, & la docte manie
Des ténébreux pédans :
Le monde ose penser, & dire ce qu'il pense,
Des sistemes divers la sterile éloquence
Va céder au bon-sens.

Son Code a rappellé la justice vénale
Des Us du tems barbare, & du sombre Dédale
Qu'ouvre le droit Romain :
Les Formes, les Longueurs sont du Barreau bannies,
Et Themis garantit des griffes des Harpies
Le pauvre & l'orphelin.

La torture en tout genre est partout abolie;
Par une prompte mort tout assassin expie
Son attentat affreux :
Car ce trop de finesse en punissant les vices
Prouve plustot un cœur avide de supplices
Qu'un penchant généreux.

Souvent ſur des motifs, cachés aux yeux vulgaires,
Il promulgua des loix, qui parurent ſevères
Aux yeux de la vertu:
Helas! je vois ce train dans toute la nature,
Qui fait, pour maintenir le Tout dans ſon alleure,
Souffrir l'individu.

Cependant par Ses ſoins, tout, juſqu'aux monaſtères,
Se voit mis à couvert des ruſes mercénaires
De la cupidité:
Les champs ſont cultivés, & les beaux-arts fleuriſſent,
Le commerce s'étend, tous les états jouiſſent
De leur capacité.

Les Miniſtres, les Grands, formés ſur Son modèle,
Diſputent l'un à l'autre, épris du même zêle,
L'honneur de Le ſervir:
Tout ſe prête la main, ſoldat, colon, artiſte;
Et c'eſt par cet accord que le bonheur ſubſiſte
Qui fait l'état fleurir.

* *

Mais l'Etat doit ſurtout, Monarque infatigable !
A Ta haute valeur, à Ton nom redoutable,
Ses deſtins éclatans :
Mars a changé pour Toi le grand art de la guerre,
Son temple eſt à Potsdam, d'ou il dicte à la terre
Ses nouveaux réglemens.

A ſon aſpect ſevere il fait fuir la pareſſe,
Il rend l'orgueil pliable, & la vile moleſſe
Se prête à ſes leçons :
Des ſoldats diſtingués par la taille & la mine,
Par l'amour de la gloire & de la diſcipline,
Forment ſes legions.

Du premier des Céſars les guerriers intrépides
Comment ſoutiendraient-ils de leurs armes rapides
Les foudroyans éclats ?
Ces bataillons tonnans, Grand-Roi ! ſont Ton ouvrage,
Tu fis de l'Allemand, docile avec courage,
Le premier des ſoldats.

Muſe! tu vis ton Roi, dans plus de dix batailles,
Couvrir victorieux le champ de funerailles
Des ennemis vaincus;
Et bruſquant la fortune, ou propice, ou marâtre,
Marcher, ou s'arrêter, reculer, ou combattre,
Toujours avec ſuccès.

Tu L'as vû de tes yeux, vers la Saxe allarmée,
En ſage Cunctateur anéantir l'armée,
Des alliés nombreux;
Et bientot redoublant Sa vigueur intrépide,
Fondre aux champs de Liſſa, tel qu'un aigle rapide,
Sur l'ennemi fougueux.

Dis! quand tu Le ſuivis dans Sa dure carriere,
Quel etait Son aſpect quand Sa vertu guerriere
Affronta les dangers?
Etait-ce Jupiter qui fait trembler le monde?
Ou Neptune en courroux, qui confond avec l'onde
Et la terre & les airs?

Non: c'etait un mortel tranquille, inébranlable,
Préſidant aux combats d'un front inaltérable,
Superieur au ſort;
Sachant à Ses drapeaux, pour aſſurer Sa gloire,
Enchainer d'un bras ſûr l'ange de la victoire,
Et l'ange de la mort.

Et que de fois encor, dans Son camp invincible,
Tu L'as vû ſous Sa tente, à tes charmes ſenſible,
Et la lire à la main,
Mêlant Ses doux accords au bruit des batteries,
Et ſourd aux cris perçans des guerrieres furies,
Muſe! t'ouvrir Son ſein.

C'en eſt fait, juſtes dieux! c'en eſt fait de tes charmes!
Je méconnais ton front, ce front couvert de larmes,
Je te vois ſans appui,
Toi Son unique amour, Sa fidelle compagne,
En proye à ta douleur, errer dans la campagne
Du parc de Sans-ſouci!

O parc! O bois! o douce ſolitude!
O temple des beaux-arts, ſi propre pour l'étude,
Si cher à l'amitié,
Quel aſpect ſous tes toits! La cohorte inutile
Des prêtres d'Eſculape oſe occuper l'azile
Aux ſoucis dérobé.

De ces dévins hardis l'impitoyable adreſſe
Au Héros accablé du poids de la vieilleſſe
Promet de vains ſécours:
L'ennemis des mortels, vivant de funerailles,
N'oſant s'offrir de front, tranche dans Ses entrailles
La trame de Ses jours.

Mais rien ne fait gagner ſur Son ame invincible,
Au fort de la douleur Il paraît inſenſible,
Debout & ſans chagrin;
Il voit la mort de près, & de Sa derniere heure
Examinant l'approche, il quitte Sa demeure
Comme on ſort d'un feſtin.

** 3

Tel que Phébus, paré de sa plus belle Aurore,
Promêt, en se couchant, un autre jour encore
Brillant d'un feu nouveau;
Tel on vit le Héros achever Sa carriere,
Sans crainte du futur, sans tourner en arriere,
Ferme au bord du tombeau.

Et tel Il prit Son vol vers la célèste sphère!
Oui! j'apperçois de loin, couronné de lumiere,
Le plus juste des Rois!
Un monde plus sublime, & plus proche de l'Etre
Dont émana Sa vie, a merité peut-être
De vivre sous Ses loix.

Déja, Grand-Roi! Ton siècle, ennobli par Tes veilles,
A mis Ton nom fameux, pour pris de Tes merveilles,
Au rang des immortels!
Tout l'Olimpe y souscrit, & voit sans jalousie
L'un & l'autre hemisphère, occupé de Ta vie,
Te vouer des autels.

Mortels ! qu'on le repéte ! & c'eſt ce qui vous reſte ;
C'était, quand Il partit vers la plaine céléſte,
Le dernier de Ses voeux.
Pour couronner Son ſiècle, en prodiges féconde,
Voilà ce qu'Il attend du Roi qui pour ce monde
Se forma ſous Ses yeux.

www.ingramcontent.com/pod-product-compliance
Ingram Content Group UK Ltd.
Pitfield, Milton Keynes, MK11 3LW, UK
UKHW032040260826
14628UKWH00007B/3079

9 782011 940889